だれもが読書を楽しめる世界へ

りんごの棚と読書バリアフリー 2

読みやすい本ってなんだろう？

監修
NPO法人ピープルデザイン研究所

はじめに

本を"読む"ことは、だれにとっても必要です。さまざまな情報や学びを得ることで、考える力や生きる力を身につけることができます。また自分の可能性を広げたり、生活を豊かにしたり、将来の選択肢をふやすことにもつながります。

しかし、世の中にはさまざまな理由で本を"読む"ことがむずかしい人がたくさんいます。そのような人も自分にあった方法で本を"読む"ことを楽しめる世の中にするためには、どうしたらよいのでしょうか？ じつは、いまいろいろなカタチで"読む"ことができる本がふえてきているのですが、多くの人がそのことを知りません。

まずこの本を読んで、あなたにも「りんごの棚」からはじまる読書バリアフリーの世界を知ってほしいと思います。そして、なにができるのかをいっしょに考えてみませんか。

子どもにも、おとなにもできることがたくさんあります。わたしたちにできることを、いっしょにやっていきましょう。

NPO法人ピープルデザイン研究所

佐藤 聖一　　古市 理代　　佐伯 美華

もくじ

- はじめに ……………………………………………… 2
- バリアフリー図書を利用してみよう！ ……………… 4
- バリアフリー図書をならべてみたよ ………………… 6
- バリアフリー図書① 大活字本 ………………………… 8
- バリアフリー図書② ＬＬブック ……………………… 10
- バリアフリー図書③ 点字の本、点字つき絵本 ……… 13
- バリアフリー図書④ 布の絵本、さわる絵本 ………… 16
- バリアフリー図書⑤ デイジー（DAISY）資料 ……… 18
- バリアフリー図書⑥ 映像資料 ………………………… 21
- バリアフリー図書⑦ いくつかの言語でかかれた本 … 23
- 読書バリアフリー発展のかぎをにぎる電子書籍 …… 26
- 読書がしやすくなる道具 ……………………………… 28
- 知ってほしい図書館のサービス ……………………… 30
- りんごプロジェクトの活動から、だれもが読書を楽しめる世界を考えてみよう！ …… 33
- りんごの棚から自分にできることを考えよう！ …… 35

この本の使い方

たなりんごちゃん

たなりんごちゃんは、りんごの棚やバリアフリー図書について、人に教えてあげるのがすきなようせいで、からだの形を自由に変えられます。上のマークのあるコーナーでは、実際に考えたりやってみたりするときのヒントや、くわしい情報を教えてくれます。

じぶんに あった

ほんを

さがそう

左の絵を「ピクトグラム」といいます。年れいや言葉のちがいに関係なく、だれが見てもわかりやすい絵記号のことです。この本オリジナルのピクトグラムが、使われているページがあります。

この本の最後にバリアフリー図書の入手方法一覧がついています。

登場人物しょうかい

ヒロ
サッカーが得意。マンガがすき。

ハルト
工作が得意。文字が多い本を読むのが苦手。

カナ
絵をかくのが得意。物語がすき。

ケン
ピアノの演奏が得意。視力（見る力）があまりよくない。

ユーリ
料理が得意。外国から引っこしてきたばかり。

バリアフリー図書を利用してみよう！

りんごの棚から、自分にとって読みやすい本をえらんでみよう。

大活字本　マルチメディアデイジー　LLブック　①

ヒロ
ハルト
カナ
ケン
ユーリ

② じつは これらはぜんぶ「バリアフリー図書」！

わかりやすい 読みやすい

バリアフリー図書（アクセシブルな図書）とは、読むことにむずかしさを感じているいろいろな人が使えるよう、工夫された本や資料だよ。

バリアフリー図書は、ハルトたちが読んでいるもののほかにも、いろいろな形があるんだ。

バリアフリー図書のおかげで、いままで紙の本が読めなかった、読みにくかった人も「読書」ができるようになるだろうし、本が読める人も新しい発見があるかもしれないよ。

③

④ きみもバリアフリー図書のとくちょうを知って、利用してみよう!

いろいろなバリアフリー図書を知ると、それをどんな人が必要としているのか、わかってくるはずだよ。

バリアフリー図書をならべてみたよ

ここにある本は、町の図書館などにもおいてあるバリアフリー図書（アクセシブルな図書）だよ。本だけじゃなくて、バリアフリーに対応した映像資料もあるんだ。ほかに、だれもが使えるよう考えてつくられた電子書籍もあるよ。

大活字本
→ 8 ページ

点字の本、点字つき絵本
→ 13 ページ

映像資料
→ 21 ページ

いくつかの言語でかかれた本
→ 23 ページ

「りんごの棚」は、だれもが楽しめるバリアフリー図書がならんでいる図書館の本棚だよ！

LLブック
→ 10ページ

布の絵本、さわる絵本
→ 16ページ

音声デイジー

デイジー（DAISY）資料
→ 18ページ

いろいろなバリアフリー図書が必要なわけ

世の中には、目が見えないなど、いろいろな理由で、紙にかかれた文字を読んだり理解したりするのがむずかしいと感じている人がいます。では、そのような人は読書をあきらめなければならないのでしょうか？　もちろん、そんなことはありません。紙にかかれた文字を読めない人がみんなにあわせるのではなく、本に工夫をして、だれもが読める環境を準備すればよいのです。

読書をむずかしいと感じる理由は一人ひとりちがうため、「読みやすい・わかりやすい」と感じる本もそれぞれ異なります。1さつの本だけで、すべての人が満足できるよう工夫するのは大変です。ですから、一人ひとりが自分にあった読み方を自由にえらべるよう、いろいろな形式のバリアフリー図書が必要です。

「りんごの棚」を見てみよう！

だれもが楽しめるバリアフリー図書がならぶ本棚「りんごの棚」が、全国の図書館に広がっているよ。自分の町にあるりんごの棚を見に行こう。

りんごの棚という名前ではなく、「バリアフリー図書のコーナー」など名前がちがうかもしれないから、住んでいる町の図書館職員さんに聞いてね！

豊島区立巣鴨図書館（東京都）のりんごの棚

バリアフリー図書 1 — 大活字本(だいかつじぼん)

通常(つうじょう)の本(ほん)

大活字本(だいかつじぼん)

文字(もじ)のサイズが通常(つうじょう)の本(ほん)より大(おお)きいし、フォント(→9ページ)も太(ふと)くなっているね!

大活字本(だいかつじぼん)はページ数(すう)がふえる分(ぶん)、元々(もともと)1さつだった本(ほん)を何(なん)さつかに分(わ)けているんだって!

最初(さいしょ)から大(おお)きな文字(もじ)で印刷(いんさつ)されて売(う)られている本(ほん)を、大活字本(だいかつじぼん)というんだ。また、元々(もともと)ある本(ほん)を、読(よ)む人(ひと)の見(み)え方(かた)にあわせて、パソコンで文字(もじ)を大(おお)きく打(う)ちなおしてつくる本(ほん)を、拡大写本(かくだいしゃほん)というよ。

大活字本(だいかつじぼん)についてもっと知(し)りたいときは、左(ひだり)の二次元(にじげん)コードを見(み)てね!
https://youtu.be/ZlcubRpwb3k

右上:『ぼくらの七日間戦争』
(宗田理作、はしもとしん絵、角川つばさ文庫、2009)
左下:『ぼくらの七日間戦争＜大きな文字の角川つばさ文庫＞』
(宗田理作、はしもとしん絵、[めじろーブックス]読書工房、2024)
9ページ:『二日月』(いとうみく作、丸山ゆき絵、そうえん社、2015)

大活字本と拡大写本のいままでとこれから

大活字本や拡大写本が日本で生まれたのは、1960〜1970年代のことです。最初は、ボランティアや特別支援学校の教員などの手によって、教科書や学習に役立つ本として拡大写本がつくられました。また、つくるのに時間がかかっていた大活字本も1990年代になって印刷技術が進み、出版点数が少しずつふえていきました。

拡大写本や大活字本は、目が見えにくい人のほかに、見聞きできるけれど文字の見え方にちがいがある人（ディスレクシア※の人）や、高齢者にも読みやすいとされています。

拡大写本

一般社団法人霞会館の福祉事業委員会が制作した拡大写本。この会が制作した拡大写本は、公共図書館などに寄付されている。

フォントの例

文字にはいろいろなフォントがある。大活字本や拡大写本では、はっきりとして見やすいゴシック体を使うことが多い。また、同じ大活字本や拡大写本でも、文字の大きさは本ごとに異なる。

Thinking! 考えてみよう！

拡大コピーとのちがいはなんだろう？

コピー機で大きく印刷すれば、わざわざ大活字本や拡大写本は必要ないように思えるね。コピー機で教科書を大きく印刷したものと拡大教科書のちがいを、くらべてみよう。拡大教科書の一部は、教科書会社のホームページで見られるよ。調べてみてね。

大きく印刷すると文字は見やすいけど、文章と文章の間があきすぎて、読みにくい部分もあるな。

大きく印刷したものは、小さい子どもには大きくて持ちにくいし、フォントによっては読みにくい人もいるんだ。

※ディスレクシアは、眼の機能的な問題ではなく、脳の認知的な問題などに原因があるとされています。

バリアフリー図書 2

LL（エルエル）ブック

むずかしい内容も、やさしい言葉で説明しなおしてあるから、読みやすい！

写真だけでわかるものやピクトグラム（絵記号）つきなど、いろいろなLLブックがあるんだね！

LLブックは、やさしくわかりやすい言葉を使ってつくられた本なんだ。絵や写真もたくさん使われているから、むずかしい内容もわかりやすくなるよ。

LLブックについてもっと知りたいときは、左の二次元コードを見てね！
https://youtu.be/ZlcubRpwb3k

左：『はつ恋』（藤澤和子・川﨑千加・多賀谷津也子企画、樹村房、2017）
中央：『わたしのおべんとう』（季刊『コトノネ』編集部企画、埼玉福祉会、2023）
右：『ミチルさんの たのしく お洗たく』（読書工房著、国土社、2021）
11ページリライト後文章：『やさしい日本語で読む日本文学　飴だま』
（新見南吉原作、鈴木茅優簡訳、菊池優花 絵、宮城学院女子大学、2022）

10

LLブックを必要とする人たち

LLブックは、短い文章や簡単な内容のほうが理解しやすい人向けにかかれています。やさしくてわかりやすい言葉やピクトグラム（絵記号）、写真・絵などが使われていて、恋愛や仕事をテーマにしたものなどがあります。読者一人ひとりの成長段階や興味にあわせて、えらぶことができます。

LLブックは、日本語を話す人以外にも利用しやすく人気がありますが、数は少ないため、LLブックの制作点数をふやすことがもとめられています。

LLとはスウェーデン語の「Lättläst」の省略で、「やさしくてわかりやすい」という意味。1960年代のスウェーデンで、LLブックの出版がはじまった。写真はスウェーデンのLLブックを日本語に翻訳した『山頂にむかって』（愛育出版、2002）。

もっと知りたい！ 「リライト」ってなんだろう？

むずかしい内容をやさしくわかりやすくするもうひとつの方法として、リライトされた資料があります。リライトとは、元々の文章を、わかりやすくやさしい言葉でかきなおすことです。リライトされた資料は、外国人や高齢者でもわかりやすく使いやすいとされていて、図書館の利用案内のほか、さまざまな場面に登場しています。

リライトの例

リライト前
春のあたたかい日のこと、わたし舟にふたりの小さな子どもをつれた女の旅人がのりました。

→

リライト後
季節は春でした。とてもあたたかい日でした。二人の子どもと、そのお母さんがいました。三人は舟に乗りました。

日本語学習者のための教材

> LLブックもリライトもわかりやすい文章をつくるために、つぎのことを工夫しているよ。
> ・敬語はやさしい言葉に言いかえる
> ・できるだけ短い文章でまとめる
> ・熟語やカタカナ語を使わない

読書バリアフリーの現場から

LLブックをつくっている人に、お話を聞いてみたよ。

S.Kさん
（埼玉福祉会）

社会福祉法人埼玉福祉会

「文化と福祉を創造する」をテーマに、図書館用品の企画・販売や、出版、介護、防災、農業などの仕事をしています。障がいのある方とともに働き、障がい者の自立を応援しています。

Q LLブックをつくるとき、どんな工夫をしているのですか?

①本の題材と対象を決める

読者や読者のご家族、特別支援学校の先生などに話を聞きます。内容を理解する力や興味は人によってちがうので、テーマや年れいのほかに、障がいがどれくらい重い人に読んでほしいかも決めます。

②文章や、本ごとの大きさを決める

むずかしすぎる言葉が使われていないか、わかりやすい文章なのかなど、言葉チェックをします。言葉チェックだけで、2週間ほどかかることもあります。本ごとの装丁や大きさも、じょうぶなほうがよいか、軽くて持ちやすいほうがよいかなど、読者のことを考えて、一つひとつ決めています。

③ピクトグラムを入れ、バランスを整える

埼玉福祉会のLLブックで使うピクトグラムは、本ごとにつくっています。わかりやすさに気をつけて、修正をくり返します。

埼玉福祉会のLLブック。

ピクトグラムの修正をしているところ。

Q この本の読者に知っておいてほしいことを教えてください。

自分の生き方を自分で決めるとき、本は役立ちます。文字が多い本だと内容を理解しにくい人などにとって、LLブックは便利ですが、そのことはまだあまり知られていません。この本をきっかけに、多くの人にLLブックを知ってもらえたらうれしいです。

バリアフリー図書 3

点字の本、点字つき絵本

点字の本

点字が打たれた白い紙が、ファイルにまとめられているんだ。

点字と絵の両方が、もりあがってる!

点字つき絵本（てんやく絵本）

点字つき絵本（点字つきさわる絵本）

点字のかかれたとうめいなシートがついているね。

点字は、6つの点の組みあわせでひらがなをあらわした文字で、指でなぞって読むよ。さわることで読みたいページを開いたり、自分のペースでくり返し読んだりできるんだ。点字の本や点字つき絵本があるよ。

点字の本や点字つき絵本についてもっと知りたいときは、左の二次元コードを見てね!
https://youtu.be/qRLZi0njYHg

右上:『みんなのボランティア大百科(点字版)』(フレーベル館、2000)
左下:『てんじつきさわるえほん ぐりとぐら』
（なかがわりえこ作、おおむらゆりこ絵、福音館書店、2013）
右下:『うさこちゃんとどうぶつえん』
（ディック・ブルーナ作絵、いしいももこ訳、福音館書店、1964）

いろいろな点字の本

　1825年に、フランスの盲学校の生徒だったルイ・ブライユが点字を考え出して以来、点字による資料はつくられつづけています。点字の本や点字つき絵本は、生まれつき目が見えない人や、目が見えなくて耳も聞こえない人にとって、読みやすいとされています。

　なかでも、点字つき絵本には、てんやく絵本と点字つきさわる絵本があります。てんやく絵本は、元となる絵本の上に後からボランティアが点字を打ったとうめいシートや、絵の形に切りぬいたとうめいシートをはったものです。点字つきさわる絵本は、印刷のときに特別なとうめいインクで点字や絵がもりあがるようつくられたものです。

　てんやく絵本や点字つきさわる絵本は、見え方に関係なくだれもが楽しめます。点字の本や点字つき絵本の多くは、文章を点字になおして伝える人（点訳者・点訳ボランティア）によってつくられています。これから、点字つき絵本の出版点数をふやしていくことがもとめられています。

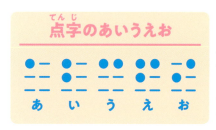

点字は、6点（たて3点、横2点）の組みあわせで、ひらがなをあらわす。

点字の本には、点図（点で示した図）が入っているものもある。手で形にふれて読む。

点字から読書の楽しさを感じよう

　図書館で点字の本を借りて、まずさわってみよう。
　点字が読めなくても、さわるだけで読書の楽しさを感じられるよ。興味がわいたら、点字を目で読んでみよう。
　なれたら指で読めるかやってみてね。

点字つきさわる絵本には、迷路などのあそびの本もある。『さわるめいろ』（村山純子著、点字つき絵本の出版と普及を考える会協力、小学館、2013）。

点字を指で読むのは、むずかしいよ。おとなになって目が見えなくなった人の中には、点字を読めない人もいるんだ。

日本点字図書館　点字一覧表
https://www.nittento.or.jp/images/pdf/information/braille_lists.pdf

読書バリアフリーの現場から

てんやく絵本をつくっている人に、お話を聞いてみたよ。

M.I さん
（てんやく絵本ふれあい文庫）

— 特定非営利活動法人てんやく絵本ふれあい文庫 —
ふれあい文庫は、家でてんやく絵本をつくる人、図書室に来てそれを全国の読者に貸し出す作業をする人が集まって活動しているボランティア団体です。このてんやく絵本は郵送料無料で、どこにでも送ることができます。

てんやく絵本は、どのようにつくられているのですか？

①文章や絵の内容を点訳する

絵を点字で説明するときは、作者の意図をこわさないように注意します。できるだけ短い文でわかりやすく点字になおして伝えたら（点訳）、とうめいなシートに点字を打ち、本にはりつけます。

②絵の上にとうめいなシートをはる

絵の上にも、とうめいなシートをはることでふくらみができ、絵の形がわかるようになります。はりすぎて絵が見づらくなると、目が見える人が楽しめなくなるので、加減をしながら作業します。

絵の中にある手がき文字も点訳する。

とうめいなシートに、点字器を使って点字を打っているところ。

トレーシングペーパーでうつしとった絵の形に、とうめいなシートを切りぬく。それを絵の上にはりつける。

つくろうと思ったきっかけを教えてください。

生まれつき目が見えないわたしが、自分の子どもに絵本を読んであげようとしたのがきっかけで、てんやく絵本をつくりはじめました。目が見えない人は絵本にかかわる情報を入手しにくいため、わたしたちは、利用者さんの年れいなどにあわせて、つくったてんやく絵本の中から、おすすめのものをえらんで貸し出しをしています。

布の絵本、さわる絵本

バリアフリー図書 4

布の絵本

「そーっと引っぱったら、ペンギンさんたちが出てきた!」

さわる絵本

「でこぼこやふわふわとした手ざわりが、おもしろいね!」

布の絵本は、布やフェルトでできた、ひもやボタンのしかけがついた絵本だよ。さわる絵本は、紙の本に布や毛糸などをはって絵を立体的にした本だよ。ボタンをかけたり、さわったりして、読みながら指先の感覚をきたえられるんだ。

布の絵本やさわる絵本についてもっと知りたいときは、左の二次元コードを見てね!
https://youtu.be/qRLZi0njYHg

上:『たのしいどうぶつえん』(よこはま布えほんぐるーぷ制作、2001)
下:『ぷれいぶっく』(フィオナ・ランド絵、主婦の友社、2006)

布の絵本と、さわる絵本のこれから

布の絵本の制作は、1975年に北海道の「ふきのとう文庫」ではじまりました。元々ふきのとう文庫は、入院中の子どもたちが紙の本を楽しむためにつくられたものでしたが、その活動中にアメリカの布の絵本を知ったことがきっかけで、布の絵本もつくられるようになりました。さわる絵本の制作は、1974年に東京のボランティア団体「むつき会」ではじまりました。当時は、目が見えなくても想像できるよう、鳥の絵に本物の羽をはりつけるなどの工夫がされました。

現在、日本の布の絵本やさわる絵本は、ボランティアによって一つひとつていねいにつくられるもので、出版社による制作点数が少ない状況です。障がいのあるなしにかかわらず、だれもが楽しめるので、制作点数がふえることが期待されています。

ふきのとう文庫が運営する「ふきのとう子ども図書館」にある布の絵本の棚。布の絵本のほかに、拡大写本（→9ページ）などもある。

むつき会は東京都品川区立品川図書館・大崎図書館で、さわる絵本の制作をしている。つめで引っかくとかおりがする果物の本など、独自のさわる絵本を制作。品川図書館より全国に貸し出されている。

ふれて感じる展示物

だれもが作品を楽しめるよう、手でさわって鑑賞できる展示物や、立体模型を用意している美術館や博物館があります。

日本点字図書館（→32ページ）が運営する「ふれる博物館」に展示されている、『手と目でみる教材ライブラリー』（大内進、2015）の「最後の晩餐」の半立体模型。目が見える人も見えない人も、同じ模型をさわって楽しめる。

バリアフリー図書 5

デイジー(DAISY)資料

音声デイジー

マルチメディアデイジーは、文字を見やすい色や大きさに変えられるし、読んでいる文章の位置もわかりやすい！

デイジー資料は、音声の再生スピードを変えたり、読みたいページへジャンプしたりできるから、自分のペースで読めていいね！

マルチメディアデイジー、テキストデイジー

「Digital Accessible Information System（DAISY）」を省略して名づけられたデイジー資料は、アクセシブルな（使いやすい）デジタル形式の資料だよ。耳で聞いて楽しむ音声デイジーや、目と耳で読むマルチメディアデイジー、テキストデイジーがあるんだ。

デイジー資料についてもっと知りたいときは、左のふたつの二次元コードを見てね！
https://youtu.be/HBV6jETOpi0t
https://youtu.be/RXIQXj1sKQQ

左：『悩ましき買物』（赤瀬川原平著、フレーベル館、2000）
右：『ごんぎつね』（新見南吉著、日本障害者リハビリテーション協会制作、2004）

デイジー資料が読みやすい人とは？

デイジー資料には、本の文字や絵の内容を読み上げた音声データが記録された音声デイジーや、音声データと文字、画像データが記録されたマルチメディアデイジーがあります。また、文字と画像データが記録されたテキストデイジーは、点字のデータに変えることもできます。それぞれ専用の再生機やパソコン、タブレットなどで見聞きできます。

点字を読めない人に、音声デイジーは利用しやすいとされています。また、マルチメディアデイジーは、音声にあわせて文字に色がつくので、文字の見え方にちがいがある人（ディスレクシア※の人）や、本を手に持つのがむずかしい人にも読みやすいものです。これらは、全国にある点字図書館や公共図書館の音訳ボランティアなどによって、制作されています。

デイジー資料は、文字ばかりの本だと理解がむずかしい人や、高れいで小さな文字が見えにくい人などにも読みやすい。

シネマ・デイジーは、音声デイジーの一種で、映画の音声データに登場人物の動きの説明などが記録されている。

Let's try! やってみよう！

マルチメディアデイジーを読んでみよう！

デイジー資料は、紙にかかれた文字を読むのがむずかしい人で、利用登録をした人だけ使えるよ。DAISYファクトリーでは利用登録をしていなくても、マルチメディアデイジーのサンプルを体験できるから、実際に体験してみよう。

日本障害者リハビリテーション協会
「DAISYファクトリー」
https://www.normanet.ne.jp/service/download/

縦がきや横がき、背景の色など、自分にとって読みやすい形にできるね！

一部のマルチメディアデイジーには、再生ソフトが必要だよ。そのときはDAISYファクトリーのサイトで、無料の再生ソフトをダウンロードしてね！

※ディスレクシアは、眼の機能的な問題ではなく、脳の認知的な問題などに原因があるとされています。

読書バリアフリーの現場から

マルチメディアデイジーをつくっている人に、お話を聞いてみたよ。

M.Yさん／T.Yさん／M.Oさん
（日本障害者リハビリテーション協会）

――公益財団法人日本障害者リハビリテーション協会――
通常の紙の教科書では読むことが困難な児童生徒向けにマルチメディアデイジーで作成した教科書を提供し、児童書のマルチメディアデイジー提供サイト「デイジー子どもゆめ文庫」を運営しています。

 マルチメディアデイジーは、どのようにつくっているのですか？

①マルチメディアデイジーにする本をえらぶ
読むことが苦手な子どもでも読みたくなるかどうかや、教科書にのっているかどうか、アンケートなどを参考にして本をえらびます。

②文字や絵・写真をデータにする
えらんだ本を買ったら、本をスキャナーなどでスキャンします。読みこんだ本のデータはソフトを使って、文字をテキストデータにします。図や写真は一つひとつ切りぬいて、マルチメディアデイジーの素材をつくります。

③文字や絵・写真と音声データを組みあわせる
協力してくださるボランティアさんに、できた素材と注意点などを伝えます。それらをもとに、音声データの作成や、文字や絵・写真のタイミングがあうよう、チェックしながら、パソコンで調整をしてもらいます。

まちがった読み方やアクセントがないか、聞きながらパソコンで調整する。

 つくろうと思ったきっかけを教えてください。

マルチメディアデイジーの教科書制作をきっかけに、いろいろな本のマルチメディアデイジーづくりをするようになりました。視力のわるい人は、本を読むときメガネを使いますね。マルチメディアデイジーもメガネのように、読むことが苦手だと感じている人が本を読むときに使うものとして、多くの人に知ってもらえたらうれしいです。

デイジー子どもゆめ文庫
利用登録をしていれば、小学校の国語の教科書が推薦している児童書を中心に、マルチメディアデイジーの本をインターネット上から、ダウンロードできる。

デイジー子どもゆめ文庫
https://yume.jsrpd.jp/

バリアフリー図書 6

映像資料

音声で、登場人物の動きや場所の説明をしてくれるから、想像しやすい！

解説、雨がやんでにじが出た公園。
女の子が公園にやってきた。
女の子「わー！ きれいなにじ」

手話だけでなく、手話と字幕の両方がついているものもあるんだね！

映像資料には、目が見えない、見えにくい人が楽しめる「音声解説つきDVD」があるよ。また、耳が聞こえない人が楽しめる「字幕・手話つきDVD」というものもあるんだ。

左：『DVD 手話で楽しむ絵本』（早瀬憲太郎 手話語り手、偕成社、2020）
右：『ホンとに役立つ鳥取県立図書館活用術』（鳥取県立図書館制作、2014）

音声解説つきDVD、字幕・手話つきDVDのとくちょう

音声解説つきDVDは、一般的に売られているDVDとちがって登場人物のセリフだけでなく、登場人物の動きや背景のようすなども音声で説明されます。字幕・手話つきDVDでは、だれが話しているかがわかるよう、登場人物の名前とセリフが字幕で表示されます。ほかに、流れている音楽や効果音も字幕で説明します。

音声解説つきDVDや字幕・手話つきDVDはまだ少なく、これから制作点数がふえることが期待されています。

図書館にある音声解説つきDVDや字幕・手話つきDVDを使って「バリアフリー映画上映会」を開く図書館もある。写真は、吉川市立図書館（埼玉県）でのバリアフリー映画上映会で、上映前に手話通訳者が説明をしている。

もっと知りたい！ バリアフリーな映像資料の広がり

音声解説や字幕がついた状態で新作映画が見られるバリアフリーな映画館があります。また、スマートフォンの専用アプリで、ふつうの映画館でも音声解説や字幕を利用できるようになってきています。最近は、字幕がつくテレビ番組がふえるなど、だれもが映像資料を楽しめる環境が整ってきました。

シネマ・チュプキ・タバタ（東京都）は、目が見えない人、耳が聞こえない人、車いすの人、子育て中の人などいろいろな人が楽しめる工夫がされた映画館。全席に設置されたイヤホンコントローラーで、音声解説を聞くことができる。

HELLO! MOVIE
ハロー HELLO! ムービー MOVIE

UDCast
ユーディーキャスト UDCast

どちらのアプリも、映画の字幕と音声解説を楽しめる。

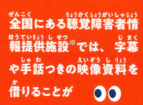

全国にある聴覚障害者情報提供施設※では、字幕や手話つきの映像資料を借りることができるよ！

※聴覚障害者情報提供施設は、耳が不自由な人に向けて、字幕・手話つき映像作品の制作や貸し出しなどの、情報や文化を発信する施設。

バリアフリー図書 7

いくつかの言語でかかれた本

「外国から引っこして来たばかりの人が、日本語を勉強するのにもいいね。」

「多言語絵本は、日本語と外国語がならべてかかれているから、意味が対応していてわかりやすい！」

多言語絵本（紙の本）

多言語絵本（電子絵本）

外国語絵本（フランス語）

1さつの絵本の中に、同じ文章が2種類以上の言語でかかれたものを多言語絵本というよ。また、日本語の絵本を別の言語に翻訳した外国語絵本もあるよ。日本でくらす外国人にとって、母国の文化にふれられる母国語の本があることは大切なんだ。

右上 『かさじぞう にほんごとベトナムご』
（多言語絵本の会 RAINBOW 編集）
左上 『つるのよめさま にほんごとかんこくご』
（多言語絵本の会 RAINBOW 制作、2022）
右下 『おおかみだって きをつけて（フランス語版）』
（重森千佳作・絵、元本 フレーベル館、2014）

言語と文化を大切にするこころと多言語絵本

日本には、外国人の親をもつ子どもや外国から引っこしてきた子どもなどがいます。こうした子どもたちの中には、日本で育つ中で、親の母国の文化より日本の文化になれていくために、親との考え方や習慣のちがいになやむことがあります。親が日本語をうまく話せず、考え方や言語、文化のちがいをはずかしく感じてしまう子どももいます。

日本でも、北海道に先住していたアイヌ民族などが独自の言語をもっています。また、耳が聞こえない人びとが使う手話も独自の言語です。
多言語絵本を読むことで、世の中にはいろいろな言語や文化があることがわかります。そして、それぞれの言語や文化の価値を、大切にする気もちも育ちます。

手話つき絵本「手話ではなそう しゅわしゅわ村のおいしいものなーに？」(偕成社)。左ページに手話と簡単な文章、右ページに絵がある。手話と文章、絵が対応してわかりやすい。

アイヌ民族文化財団の子ども向けウェブサイト。アイヌ民族の文化や言語を学べる電子絵本が見られる。

多言語絵本の会RAINBOWが行っている、多言語絵本の読み聞かせ会。スワヒリ語と日本語を交互に読む。

Let's try! やってみよう！

多言語絵本や外国語絵本を借りてみよう

町の図書館に、多言語絵本や外国語絵本があるか調べてみよう。何種類の言語の本が見つかるかな？

英語と中国語の外国語絵本があったよ。多言語絵本は……。

多言語の電子絵本のように、マルチメディアデイジー（→18ページ）も外国人にわかりやすい本だよ。けれど著作権法の関係で、外国人は教科書以外の本のマルチメディアデイジーを使えないんだ。だれもが読書を楽しめるよう、出版社などみんなで話しあう必要があるよ！

読書バリアフリーの現場から

多言語絵本をつくっている人に、お話を聞いてみたよ。

H.I さん
（多言語絵本の会 RAINBOW）

多言語絵本の会 RAINBOW
2006年に設立され、目黒区内で活動しているボランティア団体。多言語読み聞かせ、マルチメディアデイジー形式で多言語の電子絵本や歌集の制作、小中学校で国際理解の授業などを行っています。

Q 多言語の電子絵本をつくろうと思ったきっかけを教えてください。

日本語を学習する外国人との交流活動で出あった、子育て中の外国人のお母さんが、自分の国の言葉を使わずに日本語で子育てしていたので、「あなたの国の言葉を使わないのですか?」と聞きました。そのときに、「わたしの言葉は日本では必要ない」といわれてショックを受けました。そこから、母語や母国の文化を大切にしてほしいと感じました。それに、絵本を読んで登場人物の気もちなどを体験することは、子どもの成長にとって大切だと思ったこともあり、多言語の電子絵本をつくりはじめました。

多言語絵本をつくるきっかけになった、日本語を学習する外国人との交流活動のようす。

Q 多言語の電子絵本はどのようにつくっているのですか?

外国人との交流活動や日本語の学習活動などで知りあった外国人に、翻訳と文章の朗読をお願いしています。外国人が朗読した音声データと翻訳した文章のタイミングがあうように、パソコンで調整します。

録音データを聞きながら、翻訳した文章データを調整しているところ。

読書バリアフリー発展のかぎをにぎる電子書籍

文字の色や背景の色を変えられるから、目が見えにくい人でも読みやすい！

リフロー型電子書籍は、音声読み上げ機能があるから、聞くことで"読書"もできるね！

リフロー型電子書籍

フィックス型電子書籍

文字だけでなく、図や写真も大きくなるんだね！

電子書籍は、そのデータのつくりによって、リフロー型電子書籍とフィックス型電子書籍に分かれるよ。なかでも、音声読み上げに対応しているリフロー型電子書籍は、読書バリアフリーを進めるうえで、アクセシブルな（だれにも使いやすい）本になると期待されているんだ。

左：『やさしいライオン』
（日本障害者リハビリテーション協会制作、フレーベル館、2022）
右：『プロから学ぶ修理ずかん 2』（フレーベル館、2021）
27ページ表：『ごんぎつね』
（新美南吉著、日本障害者リハビリテーション協会制作、2004）

2種類の電子書籍のとくちょう

リフロー型電子書籍は、文字のサイズや文章の行間などを、読者が読みやすいレイアウト（紙面上の文字や写真の配置）に変えられるものです。いっぽうフィックス型電子書籍は、全体を大きくしたり小さくしたりできますが、レイアウトは変わりません。

国立国会図書館の調査※によると、電子書籍にもとめられている重要な機能は、文章を音声で読み上げることです。文章を音声で読み上げる機能に対応しているリフロー型電子書籍をふやすことがもとめられています。

※『視覚障害者等を対象にした読書及び情報行動に関するアンケート調査』（国立国会図書館、2021）

リフロー型電子書籍

1. 電子書籍内で、調べたい単語をさがせる。
2. 拡大したとき、文字や画像が画面からはみ出ることなく見られる。
3. 文字自体のサイズ、色、フォント、文章の行間、背景の色を変えられる。
4. 音声で読み上げられる。
5. 点字データに変えられる。

背景や文字の色を変更し、拡大する前

背景や文字の色を変更し、拡大した後

フィックス型電子書籍

1. 絵や図が多く使われている資料やマンガなどの場合、レイアウトがくずれず、元の形のままで見られる。
2. 拡大したとき、文字や画像の一部が画面からはみ出して見えなくなる。
3. 色、フォント、文章の行間、背景の色を変えられない。
4. 音声で読み上げられない。
5. 点字データに変えられない。

オーディオブックと読書バリアフリー

最近では、電子書籍のほかにも、だれもが楽しめる読書方法が広がっています。たとえば、オーディオブックもそのひとつです。オーディオブックは、声優さんやAI（人工知能）が、本の文字を読み上げた音声データです。スマートフォンやパソコンを使って、だれでも聞けます。

オーディオブックを聞いているところ。

読書がしやすくなる道具

デイジー資料（→ 18 ページ）の再生機のほかに、読書がしやすくなるよう工夫された道具があるんだ。紙にかかれた文字を読むときや、電子データを再生するときに役立つよ。

 ほんを
 めやてで みみ
 よむとき
 やくだつどうぐがあります

書見台 本をおいて読むための台で、角度を変えられる。視力が弱く見えにくい人（ロービジョンの人）がルーペといっしょに使ったり、本を持てない、持ちにくい人が使ったりする。

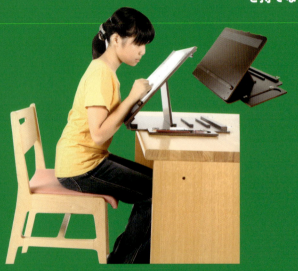

ルーペ 文字のサイズを大きくして見やすくする。おいて使うものと、手で持って使うものがある。

リーディングトラッカー ほかの文章をかくし、読みたい文章だけをわかるようにすることで、文字として読みやすくする。

拡大読書器 文字のサイズを大きくするほかに、黒い背景に白い文字であらわすなど、いろいろな形で表示できる。

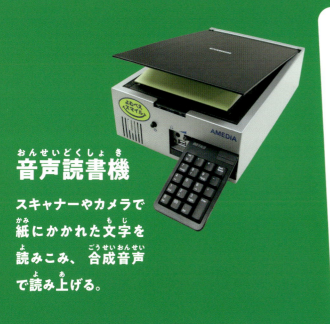

音声読書機
スキャナーやカメラで紙にかかれた文字を読みこみ、合成音声で読み上げる。

点字ディスプレイ
読みこんだ点字（→13ページ）データを、点字のようにピンをうき立たせて指で読む機械。

音声パソコン
画面上の文字や記号、キーボードで入力した文字などを音声で読み上げる機能がある。

読書をするときや図書館で役立つアプリ

スマートフォンやタブレットのアプリには、文字を読みやすくするものがあります。たとえば、カメラでうつした文字や映像を音声で読み上げるアプリなどです。また、自分が話したことをすぐ文字に変えるアプリもあるので、高齢者や耳が聞こえない、聞こえにくい人が図書館の職員にたずねるときにも役立ちます。

Let's try! やってみよう！

アプリを使ってみよう

家の人のスマートフォンや、学校のタブレットで読書に役立つアプリを実際に使ってみよう。

UDトーク
自分が話したことを文字に変えるアプリ。外国語に翻訳もできる。

Seeing AI
（マイクロソフト）
カメラでうつした文字や映像を音声で読み上げるアプリ。

Google 翻訳
カメラでうつした文字を外国語に翻訳するアプリ。

家の人や先生に許可をもらってから、アプリをダウンロードしてね。

知ってほしい図書館のサービス

図書館には、紙の本を読むのがむずかしい人のために、いろいろなサービスがあるよ。サービスを受けたいときは、図書館の職員さんに聞いてみよう。

 としょかんの サービスを しろう

対面朗読サービス
本や新聞などをそのまま読むのがむずかしい人に、音訳者やボランティアが資料を読み上げる。

郵便による貸し出しサービス
目が見えない、見えにくい人や図書館に来られない人に向けて、郵便で本や点字の本（→13ページ）、デイジー資料（→18ページ）を貸し出す。

図書館職員による本の宅配サービス
高齢者施設の人や病院に入院中の人、手や足がうまく使えない人など、図書館に来られない人のところに、直接行って貸し出しをする。

レファレンスサービス
サービス利用者の読みたい本や知りたい情報がなにかを聞き、それにあった資料を調べる。

デイジー資料などを
つくるサービス

全国にある点字図書館(→32ページ)や公共図書館では、図書館に協力してくれるボランティアなどの手で、点字の本やデイジー資料をつくっている。

インターネット上の
図書館のサービス

インターネット上にあるサピエ図書館※や国会図書館のみなサーチ(→36ページ)で、デイジー資料や点字の本をさがしてその場で読んだり、スマートフォンなどにダウンロードしてすきなタイミングで読んだりできる。

※サピエ図書館は、目で文字を読むのがむずかしい人などに対して、本の内容を点字や音声データなどで提供するインターネット上のサービス。

図書館を使いやすくする
いろいろな工夫

いろいろな理由で、図書館になかなか来られない人がいるため、いつでもどこでも図書館の本やサービスを使えるよう、インターネット上で電子書籍を貸す電子図書館が広がっています。また、使いやすさを工夫した設備や、サービスづくりにとりくむ図書館もふえています。

岐阜県公共図書館協議会のコミュニケーションボード。言葉によるコミュニケーションが困難な人の手だすけをする。

オーテピア高知図書館は、会話ができる図書館。静かにすわって読むことがむずかしい人も安心して本を楽しめる。また、静かに読みたい人には、写真のような静寂読書室を用意している。

船橋市図書館(千葉県)の移動図書館車。家の近くに図書館がないなど、なんらかの理由で図書館に行くのがむずかしい市民でも、図書館のサービスを利用できる。

読書バリアフリーの現場から

日本点字図書館の人に、お話を聞いてみたよ。

M.I さん / M.M さん
（日本点字図書館）

─── 社会福祉法人日本点字図書館 ───
日本点字図書館は、目が見えない、見えにくい人たちの「本を読みたい」という切実な願いをかなえるため、指で読む点字図書と耳で聞く録音図書を制作し、全国に無料で貸し出しを行っている図書館です。

Q 日本点字図書館のお仕事を教えてください。

日本点字図書館では、利用登録をした人からリクエストを受けて、点字の本（→13ページ）や点字雑誌、音声デイジーなど（→18ページ）をはじめとする録音図書を貸し出します。また、インターネット上のサピエ図書館を通したリクエストによる、本の貸し出しもしています。
また、「ラジオで聞いたあの本を知りたい」「気に入った作家さんのほかの本を知りたい」といった利用者の問いあわせに、電話などで回答するレファレンスサービスもします。ほかにも、目が見えない人などで、自分でインターネットを使うのがむずかしい人のかわりに、必要な情報をダウンロードしておわたしするサービスや、音声デイジーなどの制作、駅や市区町村などの依頼を受けて点字サインをつくるなど、いろいろな仕事をしています。

リクエストを受けた点字の本は、専用のバッグに入れて、利用者へ郵便で送られる。

「動物の本が読みたい」といった答えがはっきりしない問いあわせや、「地元の点字図書館を知りたい」という問いあわせにも対応する。

Q この本の読者に知っておいてほしいことを教えてください。

全国にある点字図書館やサピエ図書館の存在や、点字の本以外にもデイジー資料などいろいろな形の本を貸し出していることを知っておいてほしいです。このサービスは、目で文字を読むのがむずかしい人などに利用がかぎられています。ただ、もし自分が目で文字を読むのがむずかしくなったとき、このことを知っていれば、読書だけでなく生活も豊かになりますよ。

りんごプロジェクトの活動から、だれもが読書を楽しめる世界を考えてみよう!

このプロジェクトをはじめたきっかけを教えてください。

それはね、本を読むことがむずかしいと感じている人たちに、もっと読書の楽しさを知ってほしいと思ったからなんだ。

この本の監修をしているりんごプロジェクトは、バリアフリー図書(アクセシブルな図書)の体験会などの活動を通して、だれもが必要な本や情報を自由に手に入れられる世界の大切さを伝えているんだ。そして、図書館がもっと使いやすい場所になってほしいと思って活動しているよ。この本を読んだみんなも、プロジェクトメンバー! 自分にできることをやろう。

バリアフリー図書や読書バリアフリーを知らせる活動

国は、2021年に読書バリアフリー法を知ってもらうために、パンフレットをつくり、普及につとめています。また、読書バリアフリー法が成立する前から、だれもが使いやすい書籍や図書館になるよう活動してきた団体もあります。こうした活動はこれからますます多くの図書館や団体に広がっていくでしょう。

JBBY 世界のバリアフリー児童図書展

https://jbby.org/barrier-free-childrens-book-fair-from-around-the-world

国際児童図書評議会（IBBY）は、1981年よりすべての子どもが読書を楽しめることを目指し、世界中のバリアフリー図書を収集・選書している。IBBYの日本支部である日本国際児童図書評議会（JBBY）では、2003年より国内巡回展を開催し、IBBYの選定図書を紹介している。

伊藤忠記念財団　わいわい文庫

https://www.itc-zaidan.or.jp/summary/ebook/waiwai/

伊藤忠記念財団では児童書などをマルチメディアデイジー図書化し、「わいわい文庫」と名付けてCD・DVDにおさめたものをつくっている。紙の本では読書がむずかしい人が利用できる作品と、一般の人も利用できる作品をセットで、全国の図書館や学校などの団体に寄贈している。

障害保健福祉研究情報システム（DINF）

https://www.dinf.ne.jp/japanese/access/

日本障害者リハビリテーション協会（→20ページ）では、紙の文字を読むことがむずかしい人が必要な情報を得るために、どのような支援やサービスがあるかを「情報アクセス」というコーナーから発信している。

文部科学省　学校図書館等における読書バリアフリーコンソーシアム

https://accessreading.org/conso

著作権法第37条による複製・翻案・提供に関する情報提供や、読書バリアフリーに関する先進的なとりくみ事例の紹介、図書・教材のアクセシブル化や学校図書館間の共有に関するQ&Aがかかれている。

りんごの棚から自分にできることを考えよう!

バリアフリー図書を通して、読みやすい本がどんなものかわかった?

うん、だれもが読書を楽しめるように、いろいろな工夫がされているんだなと思ったよ。

文字が読みやすくなる道具や図書館のサービスを、お父さんやお母さんにも教えてあげたいな!

日本では、バリアフリー図書の数が少ないこともわかったね。

ぼくらの学校図書館は、本を読むのが苦手な人にも使いやすい場所になっているかな?

どうしてバリアフリー図書がもっと必要なのか、どうしてみんなが使える図書館が大切なのかを考えてみよう。そして3巻では、自分にできることや、りんごの棚づくりにチャレンジしよう!

監修　NPO法人ピープルデザイン研究所 りんごプロジェクト

だれもが読書を楽しめる社会を目指し、アクセシブルな図書の体験会や研修会を全国各地で開催。公共図書館・学校図書館に「りんごの棚」を広げながら、「読書バリアフリー」を推進している。文部科学省が推進している障害者の生涯学習の一環として、アクセシブルな図書の普及を通じた共生社会の実現に向け、取り組みを進めている。
URL：https://www.peopledesign.or.jp/action/ringoproject/

クリエイティブディレクション	戸取瑞樹(株式会社MUZIKA)
アートディレクション	藤江淳子(株式会社MUZIKA)
デザイン	關根 彩　倉本大豪(株式会社MUZIKA)
イラストレーション	本文　中山佐奈美(株式会社MUZIKA)
	ピクトグラム　倉本大豪(株式会社MUZIKA)
DTP	山名真弓(Studio Porto)
校正	株式会社夢の本棚社
撮影	糸井康友
動画協力	横浜市教育委員会事務局生涯学習文化財課
取材協力(五十音順)	NPO法人てんやく絵本ふれあい文庫、公益財団法人日本障害者リハビリテーション協会、社会福祉法人埼玉福祉会、社会福祉法人日本点字図書館、多言語絵本の会RAINBOW
編集・制作	株式会社KANADEL

りんごの棚と読書バリアフリー②
読みやすい本ってなんだろう？

2024年11月　初版第1刷発行
2025年 4 月　初版第3刷発行

発行者　吉川隆樹
発行所　株式会社フレーベル館
　　　　〒113-8611 東京都文京区本駒込6-14-9
　　　　電話 営業 03-5395-6613
　　　　　　 編集 03-5395-6605
　　　　振替 00190-2-19640
印刷所　TOPPANクロレ株式会社

Ⓒフレーベル館 2024
Printed in Japan
フレーベル館出版サイト　https://book.froebel-kan.co.jp
乱丁・落丁本はおとりかえいたします。
ISBN978-4-577-05313-3
36P／26×21cm／NDC 369

バリアフリー図書の入手に役立つウェブサイト

国立国会図書館「みなサーチ」
https://mina.ndl.go.jp/

日本図書館協会障害者サービス委員会
「障害者サービス用資料の購入・入手先一覧」
https://www.jla.or.jp/portals/0/html/lsh/shiryolist.html

サピエ図書館
https://www.sapie.or.jp/

ハートフルブック
https://heartfulbook.jp/

※上記のウェブサイトは2024年10月時点の情報です。

写真提供・協力(五十音順)

オーテピア高知図書館(P31)、株式会社愛育出版(P11 LLブック)、株式会社アメディア(P29 音声読書機)、株式会社オトバンク(P27 オーディオブック)、株式会社偕成社(P6、P21 手話・字幕つきDVD、P24 手話の絵本)、株式会社KADOKAWA(P8 角川つばさ文庫)、株式会社国土社(P7、P10 LLブック)、株式会社樹村房(P6、P10 LLブック)、株式会社主婦の友社(P7、P16 さわる絵本)、株式会社小学館(P6、P14 点字つきさわる絵本)、株式会社そうえん社(P9)、株式会社トラストメディカル(P28 拡大読書器)、株式会社福音館書店(P6、P13 点字つきさわる絵本・点訳絵本)、キハラ株式会社(P28 ルーペ、リーディングトラッカー)、岐阜県公共図書館協議会(P31)、ケージーエス株式会社(P30 点字ディスプレイ)、公益財団法人アイヌ民族文化財団(P24 アイヌ語の電子絵本)、公益財団法人日本障害者リハビリテーション協会(P7、P18、P26、P27 マルチメディアデイジー画面)、公益財団法人ふきのとう文庫(P17 布の絵本展示室)、埼玉県吉川市立図書館(P22 バリアフリー上映会)、シナノケンシ株式会社(P7、P18 音声デイジー)、シネマ・チュプキ・タバタ(P22 座席写真)、社会福祉法人埼玉福祉会(P7、P10 LLブック、P28 書見台)、社会福祉法人日本点字図書館(P17 ふれる展示物)、Shamrock Records株式会社(P29UDトーク)、多言語絵本の会RAINBOW(P6、P23 多言語絵本、P24 多言語絵本の読み聞かせ)、豊島区立図書館(P7 りんごの棚)、鳥取県立図書館(P21 手話・字幕つきDVD)、Palabra株式会社(P22 UDCast)、ハロームービー株式会社(P22 HELLO!MOVIE)、船橋市図書館(P31)、都城市点字図書館(P19 シネマ・デイジー)、むつき会(P17)、有限会社読書工房(P6、P8 大活字本)、よこはま布えほんぐるーぷ(P7、P16 布の絵本)

本書のコピー、スキャン、デジタル化等無断で複製することは、著作権法で原則禁じられています。また、本書をコピー代行業者等の第三者に依頼してスキャンやデジタル化することも、たとえそれが個人や家庭内での利用であっても一切認められておりません。さらに朗読や読み聞かせ動画をインターネット等で無断配信することも著作権法で禁じられておりますのでご注意ください。

だれもが読書を楽しめる世界へ

りんごの棚と読書バリアフリー

1 自分にあった読み方ってなんだろう?

2 読みやすい本ってなんだろう?

3 読みやすい本を広めよう!

大活字本
→8ページ

公共図書館で借りられる。書店などで買えるものもある。「読書工房めじろーブックス」のウェブサイトでは、子ども向け文庫の大活字本を買える。

読書工房めじろーブックス　ウェブサイト

LLブック
→10ページ

公共図書館で借りられる。書店や、ショッピングサイトからでも買える。

点字つき絵本
①点字つきさわる絵本
→13ページ

公共図書館では、だれでも借りられる。点字図書館の利用登録をしている人は郵送などで借りられる。書店やショッピングサイトから買える。

点字つき絵本
②てんやく絵本
→13ページ

公共図書館や点字図書館の中には、貸し出しているところもある。「てんやく絵本ふれあい文庫」では、利用登録をしている人に、制作したてんやく絵本を貸し出している。

布の絵本、さわる絵本
→16ページ

布の絵本の多くはだれでも利用できるが、おいてある図書館は少ない。ショッピングサイトから買えるものもある。さわる絵本は、目が見えない人などのためにボランティアが制作していて、おいてある図書館は少ない。

点字の本
→13ページ

公共図書館では、だれでも借りられる。点字図書館の利用登録をしている人は郵送などで借りられる。サピエ図書館や国立国会図書館「みなサーチ」に個人で利用登録していれば、インターネット上から、自宅のパソコンやスマートフォンなどに点字データをダウンロードできる。

バリアフリー図書の入手方法